AF297613

RÉGLEMENT

Sur les Armemens en course.

Saint-Cloud le 2 Prairial, an XI de la République française.

LE GOUVERNEMENT DE LA RÉPUBLIQUE, sur le rapport du ministre de la marine et des colonies; le conseil d'état entendu,

ARRÊTE:

TITRE I.er

Armemens en course.

CHAPITRE PREMIER.

Des Sociétés pour la Course.

ARTICLE I.er

LES sociétés pour la course, s'il n'y a pas de conventions contraires, seront réputées en commandite, soit que les intéressés se soient associés par des quotités fixes ou par actions.

II.

L'armateur pourra, par l'acte de société ou par les actions, fixer le capital de l'entreprise à une somme déterminée, pour régler la répartition des profits ou la contribution aux pertes; et si, d'après les comptes qui seront fournis, la construction et mise-hors ne montent pas à la somme dé-- terminée, le surplus sera employé aux dépenses des relâches, ou, en cas de prise du corsaire, sera rendu aux actionnaires proportionnellement à leurs mises. Si au contraire les dépenses de la construction et mise-hors excèdent la somme fixée, l'armateur prélevera ses avances sur le produit des premières prises; et en cas d'insuffisance, il en sera également remboursé par les ac- tionnaires proportionnellement à leurs mises; ce qui aura lieu pareillement pour les dépenses des relâches, lorsque le produit des prises ne sera pas suffisant.

A

III.

Les armateurs seront tenus, dans les actions qu'ils délivreront aux intéressés, de faire une mention sommaire des dimensions du bâtiment qu'ils se proposeront d'armer en course, du nombre et de la force de son équipage et de ses canons, ainsi que du montant présumé de la construction et mise-hors.

IV.

Le compte de la construction et mise-hors, qui formera toujours le capital de l'entreprise, hors le cas prévu par l'art. II ci-dessus, sera clos, arrêté, et déposé, avec les pièces justificatives, au greffe du tribunal connaissant des matières de commerce, dans le quinzième jour après celui auquel le corsaire aura fait voile pour commencer la course ; sauf à n'employer que par évaluation les articles de dépense qui, à cette époque, ne pourront pas être liquidés, lesquels seront ensuite alloués, dans le compte de construction et mise-hors, pour leur vraie valeur, sur les pièces justificatives qui seront rapportées.

V.

Il pourra néanmoins être accordé à l'armateur, sur sa demande, un second délai de dix jours, pour déposer le compte mentionné en l'article précédent ; mais passé ce terme, si l'armateur n'y a pas satisfait, il sera privé de tous droits de commission, pour le seul fait de n'avoir pas déposé son compte. Cette disposition est applicable aux bâtimens armés en guerre et marchandises, comme à ceux armés en course.

VI.

Lorsque la construction d'un corsaire et sa mise-hors ne pourront être achevées, soit par la conclusion de la paix, ou par quelqu'autre événement, la perte sera supportée proportionnellement par les intéressés et par les actionnaires ; et s'il n'y a pas eu de fixation pour le capital de l'entreprise, il sera évalué, par arbitres, à la somme que ladite entreprise aurait dû coûter si elle avait été achevée.

VII.

Le droit de commission ordinaire sera de deux pour cent sur le montant des dépenses de la construction, armemens, relâches et désarmemens ; il sera en outre alloué aux armateurs une semblable commission de deux pour cent, sur les prises rentrées dans le port de l'armement, dont ils auront eu l'administration particulière; et à l'égard des prises qui auront été conduites dans d'autres ports; et qui auront été administrées par leurs commissionnaires, il sera alloué à ces commissionnaires deux pour cent, à l'armateur un pour cent, et au même un demi pour cent pour négociation des traites qui lui auront été remises pour la valeur des prises vendues dans un port autre que celui de l'armement.

VIII.

Lorsque la course aura produit des sommes suffisantes pour réarmer, la société sera continuée de droit, s'il n'y a pas de convention contraire; et il sera loisible à l'armateur de s'occuper sur-le-champ d'un réarmement pour le compte des mêmes intéressés, qui ne pourront, dans ce cas, être remboursés du principal de leur mise, ni en demander le remboursement que de gré à gré.

Les armateurs sont dispensés de faire la vente du corps du bâtiment corsaire, pour la fixation des dépenses relatives à la liquidation des droits des invalides de la marine; mais si l'armateur juge à propos de requérir ladite vente, il sera tenu de se conformer aux formes prescrites pour la vente des vaisseaux, et d'en faire afficher le prospectus imprimé à la bourse de Paris, et dans les principales villes maritimes où il y a des bourses de commerce; et dans le cas où il resterait adjudicataire du bâtiment corsaire, à l'effet de le réarmer en course, les actionnaires seront libres d'y conserver leur intérêt, en le déclarant néanmoins dans un mois du jour de l'adjudication.

CHAPITRE II.

Équipages.

IX.

IL ne pourra être embarqué sur les bâtimens armés en course, qu'un huitième de matelots inscrits et en état de servir sur les bâtimens de la République. En conséquence, les commissaires préposés à l'inscription maritime ne pourront recevoir d'enrôlemens ni délivrer des permissions d'embarquer pour la course, qu'autant que le nombre des matelots employés à ce service n'excédera pas le huitième de ceux inscrits.

Le ministre de la marine pourra néanmoins autoriser l'embarquement d'un plus grand nombre de marins inscrits, lorsque les besoins du service le permettront.

(4)

X.

Les armateurs de corsaires auront la faculté d'employer des marins étrangers, et ce, jusqu'aux deux cinquièmes de la totalité de l'équipage.

Ces marins étrangers, pendant le temps qu'ils seront employés sur les bâtimens armés en course, seront traités comme les marins français ; ils participeront aux mêmes avantages, et seront soumis à la même police et discipline.

X I.

Les capitaines des bâtimens armés pour la course, présenteront au bureau de l'inscription maritime les marins qu'ils auront engagés ; et, sous peine de trois cents francs d'amende par chaque homme, ils ne pourront embarquer que les gens de mer qui auront été portés sur le rôle d'équipage. Ils présenteront également au bureau, pour y être inscrits sur le rôle des classes, les Français non classés, et les étrangers qui en feront partie.

X I I.

Tout armateur ou capitaine de corsaire qui sera convaincu d'avoir favorisé la désertion d'un marin levé pour le service ou employé sur un bâtiment de l'État, qui recevra à bord des marins inscrits au-delà du nombre autorisé pour les armemens en course, sera poursuivi comme embaucheur, et sa lettre de marque sera immédiatement révoquée.

X I I I.

Les gens de mer engagés sur des bâtimens armés en course, qui auront déserté dans le port de l'armement et qui seront arrêtés avant le départ, seront remis aux capitaines pour faire le voyage auquel ils s'étaient engagés, et pendant lequel ils n'auront que la moitié des salaires ou parts qu'ils auraient dû gagner.

Si lesdits déserteurs ne sont arrêtés qu'après le départ du bâtiment, ils seront condamnés à huit jours de prison, à la restitution des avances envers le capitaine ou les armateurs, et ils feront une campagne extraordinaire de six mois sur les bâtimens de l'État, à deux tiers de solde.

Ceux qui déserteront pendant le voyage ou dans les relâches, perdront les salaires, parts, et toutes les sommes qui pourront leur être dues, lesquelles seront confisquées au profit de la caisse des invalides.

Lesdits déserteurs seront remis aux capitaines pour achever le voyage à demi-salaire, et feront, après leur retour, une campagne extraordinaire de six mois sur les bâtimens de l'État, à deux tiers de solde.

S'ils n'ont été arrêtés qu'après le départ du bâtiment auquel ils appartenaient, ils seront condamnés à huit jours de prison, à la restitution des avances qui pourraient leur avoir été faites, et à une campagne extraordinaire d'un an, à deux tiers de solde, sur les bâtimens de l'État.

Chacun des marins composant l'équipage d'un bâtiment armé en course, sera tenu de se rendre à bord vingt-quatre heures après l'avertissement qui aura été donné au son du tambour ou par le coup de canon de départ, à peine d'être puni comme déserteur.

Les marins qui prendraient un faux nom ou un faux domicile, encourront la même peine.

XIV.

Lorsque les équipages des corsaires seront de quinze hommes et au-dessus, les mousses compris, il sera embarqué un chirurgien.

Les coffres à médicamens seront composés comme ceux des bâtimens de la République, en raison du nombre d'hommes de l'équipage.

CHAPITRE III.

Lettres de marque, et Cautionnemens.

XV.

LES lettres de marque, soit pour des armemens en course, soit pour des armemens en guerre et marchandises, ne peuvent être délivrées en Europe que par le ministre de la marine et des colonies.

Chaque lettre de marque sera accompagnée d'un nombre suffisant de commissions de conducteurs de prises.

Ces lettres de marque et ces commissions seront conformes aux modèles annexés au présent réglement.

XVI.

Nul ne pourra obtenir des lettres de marque pour faire des armemens en course, ou en guerre et marchandises, s'il n'est citoyen français, ou s'il n'est, en pays étranger, immatriculé comme citoyen français sur les registres des commissariats des relations commerciales.

XVII.

S'il était reconnu qu'un armement en course a été fait et qu'une lettre de marque a été délivrée sous un nom autre que celui du véritable armateur, la lettre de marque sera déclarée nulle et retirée.

La peine de six mille francs d'amende prononcée par l'article XV de la loi du 27 vendémiaire an 2, relative à l'acte de navigation, sera appliquée à l'armateur et à l'individu qui lui aura prêté son nom.

Le produit de cette amende sera versé dans la caisse des invalides de la marine.

XVIII.

Les demandes de lettres de marque seront faites aux administrateurs de la marine ou aux commissaires des relations commerciales, qui les transmettront au ministre de la marine et des colonies; mais lesdites lettres ne pourront être par eux délivrées aux armateurs, qu'après qu'il aura été vérifié si le bâtiment est solidement construit, gréé, armé et équipé; s'il est d'une marche supérieure; si son artillerie est en bon état; si le capitaine désigné par l'armateur est suffisamment expérimenté, et si l'armateur et ses cautions sont reconnus pour solvables.

La solvabilité de l'armateur et celle des cautions seront certifiées par les tribunaux connaissant des affaires de commerce. Dans les ports étrangers cette solvabilité sera attestée par le commissaire des relations commerciales, et, autant que possible, par l'assemblée des négocians français immatriculés dans le lieu.

Les capitaines désignés pour commander des corsaires, seront tenus de produire des certificats sur leur conduite et leurs talens, de la part des officiers sous les ordres desquels ils auront servi; ou des armateurs qui les auront déjà employés.

XIX.

La durée des lettres de marque commencera à compter du jour où elles seront enregistrées au bureau de l'inscription maritime du port de l'armement.

D'après la nature des croisières, et sur les propositions transmises au ministre par les administrateurs de la marine, ou les commissaires des relations commerciales, la durée des lettres de marque pourra être de six, douze, dix-huit et vingt-quatre mois.

XX.

Tout armateur de bâtimens armés en course, ou en guerre et marchandises, sera tenu de fournir un cautionnement par écrit de la somme de trente-sept mille francs.

Et si l'état-major et la mestrance, l'équipage et la garnison comprennent en tout plus de cent-cinquante hommes, le cautionnement sera de soixante-quatorze mille francs.

Dans ce dernier cas, le cautionnement sera fourni solidairement par l'armateur, deux cautions non intéressées dans l'armement, et par le capitaine.

XXI.

La même personne ne pourra servir de caution pour plus de trois armemens non liquidés ; et à chaque acte de cautionnement, la personne qui le souscrira sera tenue de déclarer ceux qu'elle aurait pu souscrire précédemment pour la même cause.

Lorsque les cautions ne seront pas domiciliées dans le port de l'armement, l'armateur sera tenu de produire un certificat du tribunal connaissant des affaires de commerce dans le lieu où seront domiciliées les cautions présentées, lequel certificat constatera leur solvabilité ; et une copie légalisée du pouvoir donné par la caution absente à celui qui la représentera, restera annexée à l'acte de cautionnement.

Les noms, professions et demeures des personnes qui auront cautionné des armateurs de corsaires, seront désignés sur un tableau qui restera affiché dans le bureau de l'inscription maritime du port où les armemens auront lieu.

Les actes de cautionnement seront déposés audit bureau, et enregistrés à celui de l'inspection de la marine du chef-lieu de la préfecture maritime.

XXII.

Il est expressément défendu aux préfets, officiers supérieurs et agens civils militaires et commerciaux, de prolonger la durée d'une lettre de marque, sans y être spécialement autorisés par le ministre de la marine et des colonies ; et cette autorisation, lorsqu'elle sera accordée, sera, ainsi que sa date, mentionnée sur la lettre de marque.

XXIII.

Les administrateurs de la marine et les commissaires des relations commerciales seront personnellement responsables de l'emploi des lettres de marque qui leur seront envoyées par le ministre de la marine, et qui ne

ront , conformément à l'article XVIII ci-dessus , par eux remises aux armateurs et capitaines , qu'après que les vérifications prescrites par cet article
auront été remplies , l'acte de cautionnement souscrit , et le rôle d'équipage
arrêté.

XXIV.

Tout individu convaincu d'avoir falsifié ou altéré une lettre de marque,
sera jugé comme coupable de faux en écritures publiques ; il sera de plus
responsable de tous dommages résultant de la falsification ou altération qu'il
aura commise.

XXV.

Tant qu'un bâtiment continuera d'être employé à la course , il est défendu
de lui donner un autre nom que celui sous lequel il aura été armé la première
fois ; et si un même corsaire était réarmé plusieurs fois , chaque nouvel
armement pour lequel il aurait été délivré une lettre de marque, devra être
indiqué numériquement sur la lettre de marque et sur le rôle d'équipage.

CHAPITRE IV.

Encouragemens.

XXVI.

Les gratifications suivantes seront payées pour les prises qui seront faites
par des corsaires particuliers ;

SAVOIR :

Navires de commerce chargés de marchandises.

Quarante francs pour chaque prisonnier amené dans les ports.

Bâtimens dits lettres de marque *, armés en guerre et en marchandises.*

Cent dix francs pour chaque canon du calibre de 4 et au-dessus jus-
qu'à 12 ;
Cent soixante francs pour celui de 12 et au-dessus ;
Quarante-cinq francs pour chaque prisonnier amené dans les ports.

*Corsaires particuliers armés en guerre seulement , et petits Bâtimens de l'État ,
tels que Brigs, Cutters, Lougres, &c.*

Cent soixante francs pour chaque canon du calibre de 4 à 12 ;

Deux

Deux cent cinquante francs pour celui de 12 et au-dessus;
Cinquante francs pour prisonnier amené dans les ports.

Vaisseaux, Frégates de guerre et Corvettes à trois mâts.

Deux cent quarante francs pour chaque canon de 4 à 12;
Trois cent soixante francs pour celui de 12 et au-dessus;
Soixante francs pour chaque prisonnier amené dans les ports.

Le nombre et le calibre des canons seront constatés par le procès-verbal d'inventaire de la prise; et celui des prisonniers, par les certificats des officiers, administrateurs ou agens auxquels ils auront été remis.

XXVII.

La totalité desdites gratifications sera répartie entre les capitaines, officiers et équipages, proportionnément à la quotité des parts revenant à chacun dans le produit des prises.

XXVIII.

Les gratifications allouées aux officiers et équipages des corsaires seront acquittées sur les fonds de la caisse des invalides de la marine.

XXIX.

Les capitaines, officiers et volontaires des corsaires qui se seront distingués, recevront, sur les propositions qui en seront faites par les préfets maritimes, les récompenses et avancemens dont ils seront jugés susceptibles.

XXX.

Les officiers et matelots des équipages des corsaires qui se trouveront hors d'état de continuer leurs services par les blessures qu'ils auront reçues dans les combats, participeront aux demi-soldes accordées aux gens de mer; les veuves de ceux qui auront été tués ou qui seront morts de leurs blessures, recevront des pensions.

CHAPITRE V.

Police de la Course, et Rançons.

XXXI.

Les lois et réglemens sur la police et la discipline militaire seront observés à bord des bâtimens armés pour la course, ou en guerre et marchandises.

Les délits commis par les marins employés sur ces bâtimens, seront jugés par les tribunaux institués pour l'armée navale.

B

XXXII.

Les armateurs seront civilement et solidairement responsables, avec leurs capitaines, des infractions que ceux-ci commettront contre les ordres du Gouvernement, soit sur la navigation des bâtimens neutres, soit sur les pêcheurs ennemis.

Les lettres de marque pourront même être révoquées selon la nature des délits dont les capitaines se seront rendus coupables.

XXXIII.

Les capitaines de bâtimens armés en course, seront tenus d'arborer pavillon français avant de tirer à boulet sur le bâtiment chassé, sous peine d'être privés, eux et les armateurs, de tout le produit de la prise, qui sera confisquée au profit de la République, si le bâtiment capturé est ennemi; et si le bâtiment est jugé neutre, les capitaines et armateurs seront condamnés aux dépens, dommages et intérêts envers les propriétaires.

Mais les équipages ne seront point privés de la part qu'ils auraient à la prise suivant leurs conventions avec les armateurs, et ils seront traités de même que si la prise était adjugée auxdits armateurs.

XXXIV.

Dans le cas où une prise aurait été faite par un bâtiment non muni de lettre de marque, et sans que l'armateur eût fourni le cautionnement exigé, elle sera confisquée au profit de la République, et pourra même donner lieu à punition corporelle contre le capitaine du bâtiment capteur; le tout sauf le cas où la prise aurait été faite, dans la vue d'une légitime défense, par un bâtiment de commerce, d'ailleurs muni de passe-port ou congé de mer.

Tout capitaine convaincu d'avoir fait la course sous plusieurs pavillons, sera, ainsi que ses fauteurs et complices, poursuivi et jugé comme pirate.

XXXV.

Tout capitaine de navire armé en guerre qui aura fait des prisonniers à la mer, sera tenu de les garder jusqu'au lieu de sa première relâche dans un port de France, sous peine de payer, pour chaque prisonnier qu'il aura relâché, cent francs d'amende au profit de la caisse des invalides de la marine, laquelle sera retenue sur les parts de prises ou salaires, et prononcée par le conseil des prises.

(11)

XXXVI.

Lorsque le nombre des prisonniers de guerre excédera celui du tiers de l'équipage, il est permis au capitaine preneur d'embarquer le surplus de ce tiers, et, dans le cas où il manquerait de vivres, un plus grand nombre, sur les navires des puissances neutres qu'il rencontrera à la mer, en prenant, au bas d'une liste des prisonniers ainsi débarqués, une soumission signée du capitaine du bâtiment pris, et des autres principaux prisonniers, portant qu'ils s'engagent à faire échanger et renvoyer un pareil nombre de prisonniers français de même grade ; laquelle liste originale sera remise, à la première relâche dans les ports de France, à l'administrateur de la marine, et, dans les ports étrangers, au commissaire des relations commerciales de la République française.

XXXVII.

Il est permis aux capitaines qui relâcheront dans les ports des puissances neutres, d'y débarquer les prisonniers de guerre qu'ils auront faits, pourvu qu'ils en aient justifié la nécessité aux agens de la République, dont ils seront obligés de rapporter une permission par écrit, lesquels remettront lesdits prisonniers au commissaire de la nation ennemie, et en tireront un reçu avec obligation de faire tenir compte de l'échange desdits prisonniers par un pareil nombre de prisonniers français de même grade.

XXXVIII.

Dans l'un et l'autre cas, les capitaines preneurs seront obligés, sans pouvoir s'en dispenser sous quelque prétexte que ce puisse être, de garder à leur bord le capitaine avec un des principaux officiers de l'équipage du bâtiment pris, pour les ramener dans les ports de France, où ils seront retenus pour servir d'otages, jusqu'à ce que l'échange promis ait été effectué.

XXXIX.

Il est expressément défendu à tous capitaines de bâtimens armés en course, ou en guerre et marchandises, de rançonner à la mer aucun bâtiment muni d'un passe-port émané d'une puissance neutre, lors même que ce passe-port serait suspecté de simulation, ou pourrait être considéré comme illégal ou expiré.

Ils ne pourront même rançonner un bâtiment évidemment ennemi, sans l'autorisation de leurs armateurs et autres formalités préalables ci-après, indiquées; et ne sera, à cet égard, considéré comme évidemment ennemi, que le bâtiment naviguant avec un passe - port émané d'une puissance ennemie.

X L.

Les armateurs qui voudront autoriser les capitaines de leurs corsaires à rançonner les bâtimens ennemis qu'ils auront arrêtés, en feront la déclaration par écrit à l'administrateur de la marine, préposé à l'inscription maritime dans le port de l'armement, et demanderont à cet administrateur le nombre de traités de rançon qu'ils voudront remettre auxdits capitaines.

X L I.

Les traités de rançon seront conformes au modèle annexé au présent réglement.

Les administrateurs de la marine tiendront un registre de la délivrance de ces traités, ainsi que des déclarations qu'ils auront reçues des armateurs; et tous les mois lesdits administrateurs adresseront un extrait de ce registre à l'inspecteur de marine de l'arrondissement dans lequel ils sont employés.

X L I I.

Lorsque les armateurs seront représentés par un fondé de pouvoir, ce dernier devra déposer au bureau de l'inscription maritime une copie légalisée de la procuration qu'il aura reçue.

X L I I I.

Les capitaines de corsaires qui, après l'accomplissement des formalités ci-dessus, rançonneront à la mer un bâtiment ennemi, seront tenus de prendre pour otages de la rançon, et d'amener dans un des ports de la République, au moins un des principaux officiers du bâtiment rançonné, et, outre cet officier, cinq hommes en sus, lorsque l'équipage du navire rançonné sera composé de trente hommes ou plus; trois, lorsqu'il ne sera que de vingt hommes jusqu'à vingt-neuf inclusivement; et deux pour les autres cas; lesquels hommes seront choisis, autant qu'il sera possible, parmi les marins de la plus haute paie.

Lesdits capitaines se feront donner par les commandans des bâtimens rançonnés, des vivres en quantité suffisante pour la nourriture des otages jusqu'au port où ils devront être conduits, et se feront délivrer par lesdits commandans copie de leurs passe-ports; ils remettront à ces derniers un double du traité de rançon.

XLIV.

Il est défendu à tous capitaines de corsaires ou bâtimens armés en guerre et marchandises, de rançonner de nouveau un bâtiment ennemi qui a déjà subi une rançon, sous peine de nullité de la seconde rançon, et d'une amende de 500 francs, applicable à la caisse des invalides, et dont les armateurs seront civilement responsables.

Mais le bâtiment rançonné et rencontré par un second corsaire, pourra être pris et conduit soit dans les ports de la République, soit dans des ports alliés ou neutres.

Dans ce dernier cas, les obligations souscrites lors de la rançon, cesseront d'être exigibles vis-à-vis de ceux qui devaient les remplir ; mais l'armateur du corsaire capteur en deviendra personnellement débiteur envers l'armateur du premier corsaire, si mieux il n'aime ensuite lui abandonner la prise. Les otages seront, audit cas de prise faite postérieurement à la rançon, rédimés des charges attachées au titre d'otages, et ne seront plus considérés que comme simples prisonniers de guerre.

XLV.

Au retour de leurs croisières, les capitaines des corsaires déclareront, par écrit, à l'administrateur de la marine préposé à l'inscription maritime, s'ils ont fait ou non usage des traités de rançon à eux délivrés avant leur départ ; ils remettront les traités qui n'auront pas été employés, et qui seront immédiatement annullés. S'ils ont fait des rançons à la mer, ils remettront les otages aux administrateurs de la marine, qui en adresseront de suite la liste au ministre : ils présenteront aussi les traités souscrits par les commandans des navires rançonnés ; et il en sera pris note par lesdits administrateurs, qui les viseront et les remettront aux capitaines.

XLVI.

Audit cas de rançon, les administrateurs procéderont immédiatement à l'interrogatoire des otages, ainsi qu'à celui des officiers, maîtres et équipage du corsaire, pour s'assurer si la rançon a été légalement exercée, et si, outre les sommes et effets portés au traité de rançon, le capitaine n'a pas exigé d'autres sommes ou effets particuliers ; comme encore s'il n'a rien été pris ni détourné ; de quoi il sera dressé procès-verbal.

Les actes, billets et obligations que les capitaines de corsaires auraient fait souscrire en contravention aux dispositions ci-dessus, seront paraphés par les administrateurs de la marine, et par eux remis aux trésoriers des invalides, qui en resteront dépositaires jusqu'au jugement définitif.

XLVII.

Les capitaines qui, sans y être autorisés par leurs armateurs, et sans avoir reçu, avant leur départ, des traités de rançon, se permettront de rançonner à la mer des bâtimens même évidemment ennemis, et les capitaines qui, munis de ces autorisations et traités, en auraient abusé en rançonnant des bâtimens naviguant avec des passe-ports de puissances neutres, seront destitués de leur commandement : ils feront une campagne d'un an sur les bâtimens de l'État, à la basse paye de matelot ; seront privés de leurs salaires et parts de prise, et déclarés incapables de jamais commander aucun navire armé en course, ou en guerre et marchandises.

A l'égard des rançons illégalement exigées, elles seront rendues aux rançonnés, s'ils justifient de leur neutralité, même avec dommages-intérêts, auxquels l'armateur pourra être condamné solidairement ; et dans le cas contraire, elles seront confisquées au profit de la caisse des invalides de la marine.

XLVIII.

Le capitaine de corsaire qui aurait frauduleusement reçu des effets ou obligations autres que ceux exprimés au traité de rançon, pourra être poursuivi en restitution, à la requête des intéressés à l'armement, et, outre la restitution, condamné à 500 francs d'amende au profit de la caisse des invalides de la marine, et en outre déclaré incapable de commander aucun corsaire pendant la guerre durant laquelle cette infidélité aura eu lieu.

XLIX.

Dans les cas prévus par les articles XLVII et XLVIII ci-dessus, les pièces de la procédure commencée par les administrateurs de la marine contre les capitaines délinquans, seront adressées au ministre de la marine, qui les transmettra au conseil des prises, pour être, par ce conseil, procédé au jugement desdits capitaines. Le jugement qui interviendra sera, aux frais des délinquans, affiché dans telles villes maritimes et en tel nombre d'exemplaires que le jugement désignera, et il en sera inséré un extrait sur le registre du quartier de l'inscription maritime auquel le capitaine appartiendra.

L.

Au surplus, les règles qui seront ci-après établies pour l'instruction ; le jugement., la liquidation et la répartition des prises , seront déclarées communes aux rançons.

TITRE II.

Prises.

CHAPITRE PREMIER.

Captures.

L I.

Seront de bonne prise tous les bâtimens appartenant aux ennemis de l'État, ou commandés par des pirates , forbans, ou autres gens courant la mer sans commission spéciale d'aucune puissance.

LII.

Tout bâtiment combattant sous autre pavillon que celui de l'État dont il a commission, ou ayant commission de deux puissances différentes , sera aussi de bonne prise ; et s'il est armé en guerre, les capitaines et officiers seront punis comme pirates.

LIII.

Seront encore de bonne prise, soit les bâtimens, soit leurs chargemens en tout ou partie, dont la neutralité ne serait pas justifiée conformément aux réglemens ou traités.

LIV.

Si un navire français ou allié est repris par des corsaires sur les ennemis de l'État après qu'il aura été pendant vingt-quatre heures entre les mains de ces derniers, il appartiendra en totalité auxdits corsaires ; mais dans le cas où la reprise aura été faite avant les vingt-quatre heures , le droit de recousse ne sera que du tiers de la valeur du navire recous et de sa cargaison.

Lorsque la reprise sera faite par un bâtiment de l'État, elle sera restituée aux propriétaires, mais sous la condition qu'ils paieront aux équipages repreneurs le trentième de la valeur de la reprise, si elle a été faite avant les vingt-quatre heures ; et le dixième si la reprise a eu lieu après les vingt-quatre heures : tous les frais relatifs à cette reprise restituée, seront à la charge des propriétaires.

L V.

Si le navire, sans être recous, est abandonné par les ennemis, ou si, par tempête ou autre cas fortuit, il revient en la possession des Français avant qu'il ait été conduit dans un port ennemi, il sera rendu au propriétaire qui le réclamera dans l'an et jour, quoiqu'il ait été plus de vingt-quatre heures entre les mains des ennemis.

L V I.

Les navires et effets des Français ou alliés, repris sur les pirates, et réclamés dans l'an et jour de la déclaration qui en aura été faite, seront rendus aux propriétaires, en payant le tiers de la valeur du navire et des marchandises, pour frais de recousse.

L V I I.

Tout navire qui refusera d'amener ses voiles, après la semonce qui lui en aura été faite, pourra y être contraint ; en cas de résistance et de combat, il sera de bonne prise.

L V I I I.

Il est défendu à tous capitaines de bâtimens armés en guerre, d'arrêter ceux des Français, amis ou alliés qui auront amené leurs voiles et représenté leur charte-partie ou police de chargement, et, sous les peines corporelles prononcées par les lois, de prendre ou souffrir qu'il soit pris aucun effet à bord desdits bâtimens.

L I X.

Aussitôt après la prise d'un navire, les capitaines capteurs se saisiront des congés, passe-ports, lettres de mer, chartes-parties, connaissemens et autres papiers existans à bord. Le tout sera déposé dans un coffre ou sac, en présence du capitaine pris, lequel sera interpellé de le sceller de son cachet : ils feront fermer les écoutilles et autres lieux où il y aura des marchandises, et se saisiront des clefs des coffres et armoires.

L X.

Il est défendu à tous capitaines, officiers et équipages de vaisseaux preneurs, de soustraire aucun papier ou effet du navire pris, à peine de deux ans d'emprisonnement, conformément à l'ordonnance de 1681, et de peines plus graves dans les cas prévus par la loi.

LXI.

L X I.

Les capitaines qui auront fait des prises, les ameneront ou enverront, autant qu'il sera possible, au port où ils auront armé ; s'ils sont forcés, par des causes majeures, de conduire ou d'envoyer leurs prises dans quelque autre port, ils seront tenus d'en prévenir immédiatement les armateurs.

L X I I.

Si le chef conducteur d'un navire pris fait dans sa route quelques autres prises, elles appartiendront à l'armement dont il fait partie, ou à la division à laquelle il est attaché.

L X I I I.

Le chef conducteur d'une prise qui dans sa course sera reprise par l'ennemi, sera jugé, à son retour, comme le sont, en pareil cas, les commandans des bâtimens de l'État.

L X I V.

Il est défendu, conformément à l'ordonnance de 1681, sous peine de la vie, à tout individu faisant partie de l'état-major ou de l'équipage d'un corsaire, de couler à fond des bâtimens pris, et de débarquer les prisonniers sur des îles ou côtes éloignées dans le dessein de céler la prise.

Et au cas où les preneurs ne pouvant se charger du vaisseau pris ni de l'équipage, enleveraient seulement les marchandises ou relâcheraient le tout par composition, ils seront tenus de se saisir des papiers et d'amener au moins les deux principaux officiers du vaisseau pris, à peine d'être privés de ce qui pourrait leur appartenir en la prise, même de punition corporelle s'il y échet.

L X V.

Il est défendu de faire aucune ouverture des coffres, ballots, sacs, caisses, barriques, tonneaux ou armoires, de transporter ni vendre aucune marchandise de la prise, et à toutes personnes d'en acheter ou recéler, jusqu'à ce que la prise ait été jugée ou que la vente ait été légalement autorisée, sous peine de restitution du quadruple de la valeur de l'objet détourné, et de punitions plus graves suivant la nature des circonstances.

L X V I.

Aussitôt que la prise aura été amenée en quelque rade ou port de France, le chef conducteur sera tenu de faire son rapport à l'officier d'administration de la marine, de lui représenter et remettre sur inventaire, et

C

récépissé les papiers et autres pièces trouvées à bord, ainsi que les prisonniers faisant partie du navire pris, et de lui déclarer le jour et l'heure où le bâtiment aura été pris, en quel lieu ou à quelle hauteur, si le capitaine a fait refus d'amener les voiles, ou de faire voir sa commission ou son congé, s'il a attaqué ou s'il s'est défendu, quel pavillon il portait, et les autres circonstances de la prise et de son voyage.

LXVII.

Toutes les prises seront conduites dans les ports, sans pouvoir rester dans les rades ou aux approches de ces ports au-delà du temps nécessaire pour leur entrée dans les mêmes ports.

Lorsque le capitaine d'un navire armé en course aura conduit une prise dans un des ports de France, il sera tenu d'en faire la déclaration au bureau de la douane.

LXVIII.

Toutes les lettres, généralement quelconques, trouvées sur les bâtimens ennemis qui seront pris, seront immédiatement remises au fonctionnaire supérieur de la marine ou à l'agent commercial dans le port où la prise abordera : celui-ci les fera passer au ministre de la marine et des colonies.

Les lettres trouvées sur des bâtimens neutres, seront ouvertes et lues en présence de l'armateur ou de son représentant ; et celles qui seront de nature à donner des éclaircissemens sur la validité de la prise, seront jointes à la procédure : les autres lettres seront adressées au ministre de la marine et des colonies.

CHAPITRE II.

Procédures des Prises.

LXIX.

APRÈS avoir reçu le rapport du conducteur de la prise, l'officier d'administration de la marine se transportera immédiatement sur le bâtiment capturé, dressera procès-verbal de l'état dans lequel il le trouvera, et posera, en présence du capitaine pris, ou de deux officiers ou matelots de son équipage, d'un préposé des douanes, du capitaine ou autre officier du navire capteur, et même des réclamans s'il s'en présente, les scellés sur tous les fermans.

Ces scellés ne pourront être levés qu'en présence d'un préposé des douanes.

L X X.

Le préposé des douanes prendra à bord un état détaillé des balles, ballots, futailles et autres objets qui seront mis à terre ou chargés dans les chalans et chaloupes : un double de cet état sera envoyé à terre, et signé par le garde-magasin, pour valoir réception des objets y portés.

A mesure du déchargement des objets, et au moment de leur entrée en magasin, il en sera dressé inventaire en présence d'un visiteur des douanes, qui en tiendra état et le signera à chaque séance.

L X X I.

Il sera établi à bord un surveillant, lequel sera chargé, sous sa responsabilité, de veiller à la conservation des scellés, et des autres effets confiés à sa garde.

L X X I I.

L'officier d'administration de la marine du port dans lequel les prises seront amenées, procédera de suite, et au plus tard dans les vingt-quatre heures de la remise des pièces, à l'instruction de la procédure pour parvenir au jugement des prises.

L X X I I I.

Cette instruction consiste dans la vérification des scellés, la réception et l'affirmation des rapports et déclarations du chef conducteur, l'interrogatoire de trois prisonniers au moins, dans le cas où il s'en trouverait un pareil nombre, l'inventaire des pièces, états ou manifestes de chargement qui auront été remis ou qui seront trouvés à bord, la traduction des pièces du bord par un interprète juré, lorsqu'il y a lieu.

L X X I V.

Si le bâtiment est amené sans prisonniers, charte-partie ni connaissemens, l'équipage du navire capteur sera interrogé séparément sur les circonstances de la prise, pour faire connaître, s'il se peut, sur qui la prise aura été faite.

L X X V.

L'officier d'administration de la marine sera assisté, dans tous ces actes, du principal préposé des douanes, et appellera, en outre, le fondé de pouvoirs des équipages capteurs, s'il y en a ; à défaut de fondé de pouvoirs, l'équipage sera représenté par le conducteur de la prise, réputé fondé de pouvoirs.

LXXXVI.

Dans le cas d'avaries ou de détérioration de tout ou partie de la cargaison, l'officier d'administration de la marine, en apposant les scellés, ordonnera le déchargement et la vente dans un délai fixé. La vente ne pourra cependant avoir lieu qu'après avoir été préalablement affichée dans le port de l'arrivée, et dans les communes et ports voisins, et après avoir appelé le principal préposé des douanes et le fondé de pouvoirs des équipages capteurs, *ou à son défaut le conducteur de la prise.*

Le produit de ces ventes sera provisoirement déposé dans la caisse des invalides de la marine.

LXXVII.

Sont maintenues toutes les dispositions de l'arrêté du 6 germinal an 8, relatif à l'établissement du conseil des prises.

CHAPITRE III.

Déchargement, Manutention, Vente et Liquidation particulière des Prises.

LXXVIII.

Aussitôt que la procédure d'instruction sera terminée, il sera procédé sans délai à la levée des scellés, et au déchargement des marchandises, qui seront inventoriées et mises en magasin, lequel sera fermé de trois clefs différentes, dont l'une demeurera entre les mains de l'officier supérieur de l'administration de la marine, une seconde entre celles du receveur des douanes, et la troisième sera remise à l'armateur, ou à celui qui le représentera.

LXXIX.

Il sera aussi procédé sans délai à la vente provisoire des effets sujets à dépérissement, soit sur la réquisition de l'officier d'administration, soit à la requête de l'armateur ou de celui qui le représentera.

Pourra même l'officier supérieur de l'administration de la marine, lorsque les prises seront évidemment ennemies, permettre la vente tant du navire que des cargaisons, sans attendre le jugement de bonne prise; laquelle vente se fera dans le délai qui aura été fixé par ledit officier supérieur, et toutefois après que les formalités prescrites par l'article XXXVI auront été remplies.

LXXX.

Si la prise a été faite sous pavillon neutre, ou n'est pas évidemment ennemie, la vente même provisoire ne pourra avoir lieu sans le consentement du capitaine capturé ; et en cas de refus, s'il y a nécessité de vendre, cette nécessité sera constatée par une visite d'experts nommés contradictoirement par l'armateur ou son représentant, et ce même capitaine, ou d'office par l'officier supérieur de l'administration de la marine.

LXXXI.

S'il se présente des réclamans, les effets par eux réclamés pourront leur être délivrés par l'officier d'administration, suivant l'estimation qui en sera faite à dire d'experts, pourvu que lesdites réclamations soient fondées en titre, et à la charge par celui qui les aura faites, de donner bonne et suffisante caution ; faute de quoi il sera passé outre.

LXXXII.

Les armateurs seront tenus d'envoyer des états ou inventaires détaillés des effets qui composeront les prises, avec indication du jour de leur vente, qui aura été fixé par l'officier supérieur de l'administration de la marine, dans les principales places de commerce, pour y être affichés à la bourse ; et il en sera délivré, sur les ordres du préfet de police, à Paris, et des préfets de département ou de leurs préposés, dans les places où il y a des bourses de commerce, un certificat dont il sera fait mention dans le procès-verbal de vente.

LXXXIII.

Il sera procédé, par le conseil des prises, au jugement d'icelles dans les délais et les formes prescrits par l'arrêté du 6 germinal an 8.

LXXXIV.

Dans les huit jours qui suivront les jugemens, le secrétaire général dudit conseil sera tenu d'en envoyer l'expédition au ministre de la marine et des colonies, qui la fera passer à l'officier d'administration, pour être ensuite procédé à la vente de la prise, si fait n'a été.

Les décisions du conseil des prises ne pourront être exécutées, à la diligence des parties intéressées, qu'avec le concours du principal préposé des douanes.

LXXXV.

Les marchandises seront exposées en vente et criées par parties ou par lots, ainsi qu'il sera convenu entre les intéressés à la prise ; et en cas de contestation, l'officier d'administration réglera la forme de la vente, qui ne pourra, dans aucun cas, être faite en bloc.

Le prix en sera payé comptant, ou en lettres de change acceptées à la satisfaction de l'armateur, et à deux mois d'échéance au plus tard.

La livraison des effets vendus et adjugés sera commencée le lendemain de la vente, et continuée sans interruption.

LXXXVI.

Dans le cas où quelque adjudicataire ne se présenterait pas à l'heure indiquée, ou au plus tard dans les trois jours après la livraison faite des derniers articles vendus, il sera procédé à la revente, à la folle enchère, des objets qui lui auraient été adjugés.

LXXXVII.

Les dispositions prescrites par les lois pour les déclarations à l'entrée et à la sortie, ainsi que pour les visites et paiemens de droits, seront observées, relativement aux armemens en course et aux navires pris sur les ennemis de l'État, dans tous les cas où il n'y est pas dérogé par le présent réglement.

Les directeurs, inspecteurs et receveurs des douanes, prendront les mesures nécessaires pour prévenir toutes fraudes ou soustractions, à peine d'en demeurer personnellement responsables.

Les droits sur les objets de prise sont à la charge des acquéreurs, et seront toujours acquittés avant la livraison, entre les mains du receveur des douanes, avec lequel l'officier supérieur de l'administration de la marine se concertera pour indiquer l'heure de la livraison.

Les marchandises dont l'entrée est prohibée, ne pourront être vendues qu'à charge de réexportation.

LXXXVIII.

Dans le mois qui suivra la livraison complète des effets vendus, l'armateur ou son commissionnaire déposera au greffe du tribunal connaissant des matières de commerce, le compte du produit de la prise, avec les pièces justificatives, sous peine de privation de son droit de commission, et même sous plus forte peine, s'il y a lieu, dans le cas où le produit ne serait pas complet.

Ce tribunal pourra accorder à l'armateur, sur sa simple requête et sans frais, quinze autres jours pour rapporter les pièces manquantes.

LXXXIX.

Il devra être procédé à la liquidation particulière, dans le mois du jour du dépôt mentionné en l'article précédent, sans que l'arrêté de ladite liquidation puisse être suspendu sous prétexte d'articles qui ne seraient pas encore en état d'être liquidés, lesquels seront tirés pour mémoire, sauf à les comprendre ensuite dans la liquidation générale.

X C.

Les armateurs seront tenus de déposer au greffe du tribunal connaissant des matières de commerce du lieu de l'armement, une expédition de chaque liquidation particulière, aussitôt qu'elle leur sera parvenue, et au plus tard dans un mois de sa date.

CHAPITRE IV.

Liquidations générales.

XCI.

Le tiers du produit des prises qui auront été faites appartiendra à l'équipage du bâtiment qui les aura faites ; mais le montant des avances qui auront été payées sera déduit sur les parts de ceux qui les auront reçues.

XCII.

Les équipages des bâtimens armés en guerre et marchandises, n'auront que le cinquième des prises ; et il ne leur sera fait aucune déduction pour les avances complétées à l'armement, ou pour les mois payés pendant le cours du voyage.

XCIII.

Le coffre du capitaine pris, ni les pacotilles ou marchandises qui pourront lui appartenir, dans quelque endroit du bâtiment qu'elles soient chargées, ne pourront dans aucun cas être distribués au capitaine du corsaire qui aura fait la prise ; mais l'armateur pourra stipuler en faveur du capitaine, et pour lui tenir lieu de dédommagement, une somme proportionnée à la valeur de la prise ; laquelle somme ne pourra toutefois excéder deux pour cent du montant net de la liquidation particulière de ladite prise.

XCIV.

Dans le mois après la course finie, ou lorsque la perte du corsaire sera certaine ou au moins présumée, l'armateur déposera, au greffe du tribunal connaissant des matières de commerce du lieu de l'armement, les comptes de dépenses des relâches et du désarmement, pour être procédé à la liquidation générale du produit de la course, par les juges de ce tribunal, dans un mois après la remise de toutes les pièces, et sauf à laisser pour mémoire les articles qui pourront donner lieu à un trop long retard, lesquels seront ensuite réglés par un supplément sommaire à la liquidation générale : faute par l'armateur de faire ledit dépôt, il sera privé de tout droit de commission.

XCV.

Il ne sera fait d'autre retenue au profit des invalides de la marine, que celle de cinq centimes par franc, prescrite par la loi du 9 messidor an 3. Mais cette retenue aura lieu sur le produit des rançons faites à l'ennemi en mer, comme sur le produit des prises amenées et confisquées.

XCVI.

Les liquidations générales seront imprimées, et il en sera envoyé des exemplaires au ministre de la marine et des colonies, au greffe des tribunaux de commerce des villes dans lesquelles il y aura des actionnaires, qui pourront en prendre communication *gratis* : il en sera envoyé en outre aux intéressés et actionnaires d'une somme de trois mille francs et au-dessus.

XCVII.

En cas de pillage, divertissement d'effets, déprédations ou autres malversations, il en sera informé par l'officier en chef de l'administration de la marine, à la requête de l'inspecteur, pour être lesdites procédures envoyées au ministre de la marine et des colonies, et être par le conseil des prises prononcé telle amende ou peine civile qu'il appartiendra ; auquel cas lesdites procédures demeureront comme non avenues : et où il écherrait de prononcer des peines afflictives, lesdites procédures seront renvoyées aux cours martiales maritimes, pour y être le procès continué jusqu'à jugement définitif.

XCVIII.

Les inspecteurs de la marine adresseront, dans les premiers jours de chaque mois, au ministre de la marine et des colonies, un état dans lequel toutes les prises arrivées dans les ports de leur arrondissement continueront d'être employées jusqu'à ce qu'elles aient été liquidées, avec des notes et des observations sur l'état des procédures et les motifs qui occasionneront des retards, s'il y en a.

CHAPITRE

CHAPITRE V.

Répartition.

XCIX.

Il ne sera promis, avant l'embarquement, aucunes parts dans les prises, aux officiers-majors, officiers mariniers, volontaires, soldats, matelots ou autres ; mais elles seront réglées immédiatement après le retour du corsaire, à proportion du mérite et du travail de chacun, dans un conseil tenu à cet effet dans le lieu des séances du tribunal connaissant des matières de commerce, en présence des juges de ce tribunal et du commissaire à l'inscription maritime.

Ce conseil sera composé du capitaine et des premiers officiers- majors, suivant l'ordre du rôle d'équipage, au nombre de sept, le capitaine compris, s'il se trouve assez de lieutenans pour compléter le nombre : ces officiers prêteront devant les juges connaissant des matières de commerce, dans huit jours au plus tard après la course finie, le serment de procéder fidèlement, et en leur ame et conscience, au réglement et à la répartition des parts ; ledit réglement, signé par le président du tribunal et par le commissaire à l'inscription maritime, conjointement avec les capitaines et les officiers-majors, sera déposé au greffe dudit tribunal.

C.

Si par l'effet de la perte du corsaire, de son absence sans nouvelles, ou de la prise qui en aurait été faite par l'ennemi, les officiers-majors ne pouvaient être rassemblés pour procéder audit réglement des parts, il y sera procédé à la requête du commissaire à l'inscription maritime, par un procès-verbal qui sera signé tant par lesdits juges que par ledit commissaire.

A la suite du procès-verbal, le tribunal rendra son jugement, qui énoncera les noms des officiers et équipage du corsaire, les qualités et le nombre des parts attribuées à chaque grade, enfin le nombre d'heures qui aura été employé à cette opération, et qui ne pourra pas excéder celui de six.

CI.

Il ne pourra être accordé au capitaine plus de......... 12 parts.
Au capitaine en 2.^d, plus de...................... 10.
Aux deux premiers lieutenans...................... 8.

D

Au premier maître, à l'écrivain ou commis aux revues, et aux
autres lieutenans.. 6 parts.

Aux enseignes, au maître chirurgien et au second maître.. 4.

Aux conducteurs de prises, pilotes, contre-maîtres, capitaines
d'armes, maîtres canonniers, charpentiers.................. 3.

Aux seconds canonniers, charpentiers, calfats, maîtres de
chaloupes, voiliers, armuriers, quartier-maîtres, et second chi-
rurgiens... 2.

Aux volontaires................... 1 part ou deux au plus.

Aux matelots..................... 1 part ou part et demie.

Aux soldats...................... 1 demi-part ou une part.

Aux novices...................... 1 demi-part ou 3 quarts de part.

Aux mousses..................... 1 quart de part ou demi-part,
suivant leurs services respectifs et leurs forces.

CII.

Le nombre de parts attribuées à chaque grade, ne pourra être diminué
qu'à la pluralité de deux voix; mais la pluralité d'une seule suffira pour
déterminer le plus ou le moins attribué aux volontaires, matelots, soldats, novices et mousses. En cas de partage d'avis, la voix du capitaine
sera prépondérante.

L'écrivain n'aura de voix que pour remplacer chacun des officiers-majors
qui sera tenu de se retirer lorsqu'il s'agira de fixer ses parts.

CIII.

Le réglement des parts assignera, sur le produit des prises, une somme
aux officiers et autres gens de l'équipage qui auront été blessés et estro-
piés dans les combats, et aux veuves et enfans de ceux qui auront été
tués ou qui seront morts de leurs blessures. Lesdites sommes seront payées
à ceux auxquels elles seront accordées, en sus de leurs parts de prises,
pourvu que ces gratifications n'excèdent pas le double de la valeur desdites parts.

CIV.

Le réglement des parts ainsi arrêté sera définitivement exécuté. Il est
défendu à tous tribunaux d'admettre aucune action, plainte ni réclamation de la part des officiers ou gens de l'équipage à cet égard.

CV.

Dans la huitaine du jour où la liquidation générale des prises faites pendant la croisière aura été arrêtée par le tribunal connaissant des matières

de commerce, l'armateur sera tenu de procéder au paiement des parts de
prises revenant à l'équipage : en cas de refus ou de plus long retard, il y sera
contraint, à la requête de l'inspecteur ou sous-inspecteur de la marine,
poursuites et diligences du commissaire à l'inscription maritime.

C V I.

Le paiement des parts de prises ne pourra se faire qu'au bureau de l'inscription maritime, et sur l'état conforme au modèle joint à l'arrêt du 15 dé-
cembre 1782, lequel sera émargé par ceux des marins de l'équipage qui
sauront signer. A l'égard de ceux qui ne sauraient pas signer, le paiement
des parts qui leur reviendront sera certifié par le commissaire à l'inscription
maritime.

Les à-comptes payés pendant la croisière ou avant la répartition générale,
ne seront alloués à l'armateur qu'autant qu'ils auront été payés au bureau de
l'inscription mari-time, et certifiés par le commissaire chargé de ce service.

C V I I.

L'armateur est tenu de remettre entre les mains du trésorier des invalides
de la marine, dans le port où l'armement a été fait, le montant des parts
et portions d'intérêt dans les prises appartenant aux morts ou absens et faisant
partie de l'équipage du corsaire, trois jours après la répartition qui aura été
faite au bureau de l'inscription maritime, conformément à l'état qui en sera
remis par le commissaire ; de laquelle remise il sera donné décharge valable
audit armateur par le trésorier des invalides.

C V I I I.

Les parts de prises appartenant aux officiers mariniers et matelots non
résidant dans le port où la répartition aura été faite, seront envoyées dans
les quartiers de leur résidence, ainsi qu'il se pratique pour la remise des
parts de prises des gens de mer employés sur les vaisseaux de l'État.

C I X.

Les inspecteurs de la marine sont spécialement chargés de poursuivre les
armateurs qui ne se conformeraient pas aux dispositions du présent réglement, à l'effet de les faire condamner, tant à faire procéder aux liquidations
générales qu'aux répartitions entre les preneurs, et au dépôt entre les mains
des trésoriers des invalides, des parts de prises revenant aux marins morts
ou absens.

C X.

Il est expressément défendu aux marins employés sur les corsaires, de vendre à l'avance leurs parts de prises, et à qui que ce soit de les acheter, sous peine de perdre les sommes qui pourraient avoir été payées pour cet effet. Les parts de prises ne seront payées qu'aux marins eux-mêmes ; et l'on n'aura aucun égard aux procurations qu'ils pourraient avoir données pour en retirer le montant, à des personnes étrangères à leurs familles.

C X I.

Les parts de prises des marins, comme leurs salaires, sont déclarées insaisissables.

On n'aura aucun égard aux réclamations ou oppositions qui pourraient être formées par ceux qui se prétendraient porteurs d'obligations desdits marins, à moins que les sommes réclamées ne soient dues par eux ou par leurs familles, pour loyers de maison, subsistances et vêtemens qui leur auront été fournis du consentement du commissaire à l'inscription maritime, et que cette avance n'ait été préalablement apostillée sur les registres et matricules des gens de mer.

TITRE III.

Des Armemens en course et des Prises dans les Colonies et dans les Ports étrangers.

CXII.

DANS les colonies et établissemens français situés au-delà des mers, les capitaines-généraux, ou ceux qui en remplissent les fonctions, pourront seuls délivrer des lettres de marque, ou proroger la durée de celles qui auraient été délivrées en Europe ; toutefois en se conformant aux dispositions ordonnées par le présent réglement, dans le chapitre des lettres de marque et cautionnemens.

CXIII.

Lorsque des prises seront conduites dans les ports des colonies françaises, le préfet colonial, ou celui qui en remplit les fonctions, chargera un officier d'administration de se transporter sans retard à bord des bâtimens capturés, à l'effet d'y procéder aux formalités ci-dessus prescrites pour les prises conduites dans les ports de France (chapitre II du titre II).

CXIV.

Le préfet colonial, ou celui qui le remplace, pourra, soit avant le jugement, en cas d'avarie ou détérioration, soit après le jugement, ordonner le déchargement ou la vente, en se conformant à ce qui est prescrit dans les chapitres II et III du titre II de ce réglement.

CXV.

L'officier d'administration qui aura fait l'instruction, la remettra dans le plus bref délai, avec toutes les pièces y relatives, au préfet colonial, qui s'adjoindra le commissaire de justice, ou celui qui le représente, l'officier d'administration chargé de l'instruction, l'inspecteur de la marine et le commissaire à l'inspection maritime, à l'effet de statuer tant sur le mérite de la procédure que sur la validité de la prise.

CXVI.

La commission, composée ainsi qu'il est dit ci-dessus, sera présidée par le préfet colonial, et, en son absence, par le commissaire de justice ; et les décisions y seront prises à la pluralité des voix. Un secrétaire, nommé par le préfet, fera les fonctions de greffier.

CXVII.

Les jugemens rendus dans les colonies sur les prises, seront sujets à l'appel devant le conseil des prises séant à Paris ; et néanmoins seront susceptibles d'exécution provisoire, à la charge par celle des parties qui aura requis ladite exécution, de donner caution et en outre de demeurer responsable des dommages et intérêts.

CXVIII.

Si dans la quinzaine qui suivra les jugemens, il n'est point intervenu de réclamation de la part de l'une ou de l'autre des parties, ils deviendront définitifs, et, audit cas, il n'y aura lieu à aucun cautionnement.

Les réclamations, pour être valables, seront notifiées au greffier de la commission, qui sera tenu d'en donner un reçu.

CXIX.

Dans tous les cas, le préfet colonial adressera sans retard, l'instruction, les pièces y relatives, et le jugement rendu pour chaque prise, au ministre de la marine et des colonies, qui les fera parvenir au secrétariat du conseil des prises, toutes les fois que l'affaire sera de nature à y être jugée ; et attendu que les pièces originales pourraient être perdues, le préfet colonial sera obligé d'en garder des copies collationnées.

C X X.

Au surplus, les dispositions ordonnées par le présent réglement, pour les armemens en course, et pour les prises en France, seront exécutées dans les colonies.

C X.X I.

Il n'est rien innové, en ce qui concerne les prises conduites dans les ports étrangers, à ce qui est ordonné par l'arrêté du 6 germinal an 8 : néanmoins, en cas de vente de prises dans lesdits ports, les commissaires des relations commerciales ne pourront prétendre qu'à une rétribution d'un demi pour cent, qui sera prélevée sur le produit net de la vente.

TITRE IV.

Dispositions générales.

C X X I I.

Il est défendu, sous peine de destitution et de plus grande peine, s'il y échet, à tous officiers, administrateurs, agens diplomatiques et commerciaux, et autres fonctionnaires appelés à surveiller l'exécution des lois sur la course et les prises, ou à concourir au jugement de la validité des prises faites par les croiseurs français, d'avoir des intérêts directs ou indirects dans les armemens en course, ou en guerre et marchandises. Il leur est également défendu de se rendre directement ou indirectement adjudicataires de marchandises provenant des prises, et mises par eux en vente.

C X X I I I.

Un exemplaire du présent réglement sera annexé à chaque lettre de marque.

C X X I V.

Le grand-juge, ministre de la justice ; le ministre de la marine et des

colonies, et celui des finances, sont chargés, chacun en ce qui le concerne, de l'exécution du présent arrêté, qui sera inséré au Bulletin des lois.

Le premier Consul, signé BONAPARTE. Par le premier Consul : *le secrétaire d'état*,
signé HUGUES B. MARET.

Pour copie conforme :

Le Ministre de la Marine et des Colonies ;

DECRÉS.

(Suivent les Modèles.)

À PARIS, DE L'IMPRIMERIE DE LA RÉPUBLIQUE.
Prairial an XI.

FORMULE D'ACTE DE CAUTIONNEMENT.

PORT

d

An

de la République.

LE (espèce du bâtiment) *le* (nom du navire), *armé pour la course,* ou *en guerre et marchandises.*

ACTE DE CAUTIONNEMENT.

JE soussigné *(désigner les prénoms et nom, profession et domicile),* armateur
d   nommé le
capitaine   de   tonneaux, portant
canons du calibre de   armé *(désigner si le bâtiment est*
armé en course, ou en guerre et marchandises), ayant   hommes
d'équipage, muni d'une lettre de marque expédiée le
par le ministre de la marine, sous le N.°   enregistrée à
le   m'oblige de payer les dommages-intérêts et amendes
auxquels je pourrais être condamné par suite du jugement des prises qui seront
faites par ledit navire.

Je promets formellement de verser entre les mains de qui de droit, et sur le
premier jugement qui l'ordonnera, une somme de   francs,
conformément à l'arrêté du   du Gouvernement de
la République.

Pour sûreté de la présente obligation, j'engage tous mes biens présens et à
venir, me soumettant, en cas d'inexécution de ma part, d'y être contraint
par corps.

Fait double à   le

On énoncera dans le cautionnement, s'il est de 74,000 fr., que les deux cautions ne sont pas intéressées dans l'armement.

JE soussigné *(désigner &c. comme ci-dessus)*, déclare que je me rends et porte caution de l'obligation ci-dessus souscrite par le C.^en   armateur du

sous les mêmes clauses et conditions; me soumettant à être poursuivi et contraint solidairement pour les engagemens qu'il a contractés par ladite obligation, comme armateur du navire

l

Je déclare en outre que *(exprimer si la caution a fait ou non d'autres cautionnemens ; désigner les navires pour lesquels des cautionnemens antérieurs auraient été faits par le même, ainsi que les noms des armateurs de ces navires et les ports d'armement)*

Fait à   l'an   le

Ledit cautionnement a été enregistré au bureau de l'inscription maritime à
le   et une des expéditions a été envoyée à l'inspecteur de marine à   le

Nota. Si le corsaire a plus de cent cinquante hommes d'équipage, et si l'obligation doit être de 74,000 fr., le cautionnement devra être souscrit par deux cautions non intéressées dans l'armement, et par le capitaine.

N.⁰

FORMULE-DE LETTRE-DE MARQUE.

ARMEMENT
du L

Le C.ᵉⁿ
domicilié à
a (ou ont) cautionné
le C.ᵉⁿ
armateur du
pour la somme
de   confor-
mément à l'art.
de l'arrêté du
dont le capitaine du-
dit bâtiment a reçu
un exemplaire.

GOUVERNEMENT FRANÇAIS.

LETTRE DE MARQUE.

Le Gouvernement de la République permet par la présente à   de faire armer et équiper en guerre un   nommé   du port de   tonneaux, commandé par le capitaine avec tel nombre de canons, boulets, et telle quantité de poudre, plomb, et autres munitions de guerre et vivres qu'il jugera nécessaire pour le mettre en état de courir sur tous les ennemis de la République, et sur les pirates, forbans, gens sans aveu, en quelque lieu qu'il pourra les rencontrer ; de les prendre et amener prisonniers avec leurs navires, armes et autres objets dont ils seront saisis; à la charge par lesdits armateurs et capitaine de se conformer aux lois, ordonnances, réglemens et arrêtés concernant la police de la navigation, et la course en particulier ; de faire enregistrer la présente lettre au bureau de l'inscription maritime du lieu de son départ; d'y déposer un rôle signé et certifié d   et du capitaine, con-tenant les noms et surnoms, âge, lieux de naissance et demeures des gens de son équipage ; et à la charge par ledit capitaine de faire à son retour, ou en cas de relâche, son rapport par-devant l'administrateur de la marine.

Le Gouvernement de la République invite toutes les puis-sances amies et alliées de la République française, et leurs agens, à donner audit capitaine toute assistance, passage et retraite en leurs ports avec sondit bâtiment, et les prises qu'il aura pu faire ; offrant d'en user de même en pareilles cir-constances. Ordonne aux commandans des vaisseaux de l'État, de laisser passer ledit capitaine avec son bâtiment, et ceux qu'il aura pu prendre sur l'ennemi, et de lui donner secours et assistance.

Ne pourra la présente servir que pour . . . . . mois seulement, à compter de la date de son enregistrement.

En foi de quoi le Gouvernement de la République a fait signer la présente lettre de marque par le ministre de la marine et des colonies.

Donné à Paris, le . . . . l'an

de la République française.

Par le Ministre de la marine et des colonies : —

Enregistré au bureau de l'inscription maritime, à . . . . où il a été délivré . . . . . commissions de conducteurs de prises pour le bâtiment ci-dessus désigné.

A . . . . le . . . . an

Le . . . . de marine ,

COMMISSION

POUR LES CONDUCTEURS DES PRISES.

Le Gouvèrmement de la République autorise par ces présentes
le C.^{en}   capitaine du
nommé le   du port de   tonneaux ou environ,
armé et équipé en guerre au port de   par le
C.^{en}   suivant la lettre de marque expédiée sous le N.°
dûment enregistrée au bureau de l'inscription maritime de
à amener ou à envoyer dans un des ports de France ou des colonies, tous
les bâtimens des ennemis de la République, des pirates, forbans, gens sans
aveu, qu'il aura pu prendre et faire prisonniers ; à moins que ledit capitaine
du   ou celui qu'il aura chargé de ladite prise, n'ait été forcé
par la tempête ou par les ennemis de relâcher en quelque port neutre ; auquel
cas il sera tenu de justifier des motifs de la relâche, et d'en donner incessamment
avis aux intéressés à l'armement, à la charge
ou par son capitaine de prises, de faire, par-devant l'officier d'administration
chargé de l'inscription maritime au lieu du retour ou de la relâche, le
rapport ordonné par les lois, et de se conformer à celles relatives aux prises
maritimes.

Le Gouvernement de la République invite toutes les puissances amies et
alliées de la République française et leurs agens, à donner audit
ou à son capitaine de prises, toute assistance, passage et retraite en leurs
ports, avec ladite prise, offrant d'en user de même en pareille circonstance.
Mande et ordonne aux commandans des bâtimens de l'État de le laisser
librement passer, et de lui donner secours et assistance.

Ledit capitaine   sera tenu d'inscrire ci-dessous le nom et le
pavillon du bâtiment pris, le jour et l'heure où il l'aura été, en quel lieu et
à quelle hauteur.

En foi de quoi le Gouvernement de la République a fait signer les présentes
par le ministre de la marine et des colonies.

A Paris le   l'an   de la République française.

Par le Ministre de la marine et des colonies :

Le an j'ai remis au C.^{en} capitaine du ci-dessus désigné commissions de conducteurs de prises, et celle-ci en fait partie.

FORMULE dont le Capitaine remplira les blancs, et qu'il signera.

JE soussigné, capitaine du corsaire nommé le ai délivré la présente commission à conducteur de la prise nommée dont était maître du port et havre d en ladite prise faite par moi soussigné, capitaine dudit corsaire, à la hauteur de Fait en mer le l'an de la République française.

RÉPUBLIQUE FRANÇAISE.

PORT de *(nom du port où les traités de rançon auront été délivrés.)*

TRAITÉ DE RANÇON.

N.° *(numéro donné au traité par l'administrateur qui l'a déliyré en blanc.)* primata ou duplicata.

Le (espèce et nòm du bâtiment)

NOUS soussignés *(prénoms et nom du capitaine preneur)*, capitaine du *(espèce du corsaire)* le *(noms du corsaire)*, armé au port de *(noms du port de l'armement)*, par le C.ᵉⁿ *(nom des armateurs)*, cautionné par le C.ᵉⁿ *(nom des cautions)*, porteur d'une lettre de marque expédiée sous le n.° *(n.° de la lettre de marque)*, agissant d'après l'autorisation spéciale que j'ai reçue le *(date de la déclaration faite par les armateurs à l'administrateur de la marine)*, desdits armateurs;

Et *(prénoms et nom du capitaine rançonné)*, commandant le navire *(nom du navire)*, sommes convenus de ce qui suit;

SAVOIR:

Moi *(prénoms et nom du preneur)*, j'ai pris le *(date de la capture)* du présent mois de   de l'an   à la hauteur de *(lieu où la capture a été faite)*, ledit navire *(nom du navire rançonné)*, de *(port en tonneaux)* tonneaux, ayant *(force de l'équipage)* hommes d'équipage, naviguant sous pavillon *(nation dont le navire rançonné porte le pavillon)*, muni d'un passe-port délivré à *(lieu où le passe-port a été délivré)*, appartenant à *(noms des propriétaires)*, demeurant à *(demeures des propriétaires)*, chargé de *) nature de la cargaison)*, pour le compte de *(noms des chargeurs)*, expédié de *(port de l'expédition)*, allant à *(celui de la* *destination)*, lequel navire j'ai rançonné à la somme de *(exprimer en toutes lettres la quotité de la rançon)*, pour laquelle j'ai remis en liberté ledit navire.

Pour sûreté de ladite rançon, montant à la somme de *(répéter en toutes lettres la quotité de la rançon)*, j'ai reçu en otage *(désigner les prénoms, noms, âge et grade des otages)*.

Et moi *(prénoms et nom du capitaine rançonné)*, commandant ledit navire le   tant en mon nom qu'en celui de   propriétaires dudit navire et de sa cargaison, déclare m'être soumis volontairement au paiement de ladite rançon, montant à la somme de   que je m'engage à acquitter ou faire acquitter par lesdits propriétaires, le plus promptement qu'il me sera possible.

Pour sûreté du présent traité, j'ai donné en otage audit capitaine du corsaire français le *(répéter le nom du corsaire, et les noms, âge et grade des otages)*, lesquels otages ont signé avec nous.

Fait double, à bord du le   du mois de   l'an

(Signature du capitaine preneur.)   *(Signature du capitaine rançonné.)*

(Signatures des otages.)

Le   de marine, au port de certifie que le C.ᵉⁿ   armateur du corsaire le   muni d'une lettre de marque expédiée sous le N.ᵒ   m'a déclaré par écrit, le   du mois de   l'an qu'il autorisait le C.ᵉⁿ   capitaine dudit corsaire, à user de la faculté de rançonner, laissée par le réglement du

En

En conséquence j'ai remis audit C.^{en}   traités de
capitaine dudit corsaire le
rançon en blanc, portant par duplicata les N.^{os}

    Fait à   le   du mois de
de l'an   de la République.

F

PORT
d

REGISTRE des Traités de rançon délivrés à des Capitaines de Corsaires, conformément au réglement du

NOM ET ESPÈCE du BÂTIMENT.	ARMÉ. Désigner si le bâtiment est armé pour la course seulement, ou en guerre et marchandises.	Numéro de la lettre de marque.	NOMS			DATE de la déclaration faite par l'armateur pour autoriser le capitaine à rançonner.	NUMÉRO de l'enregistrement de cette déclaration.	NOMBRE de traités de rançon délivrés en blanc par duplicata au capitaine.	NUMÉROS apposés sur ces traités.	DATE à laquelle les traités de rançon ont été délivrés.	OBSERVATIONS.
			de l'armateur.	de la caution.	du capitaine.						

Certifié conforme. *Le secrétaire d'état,* signé HUGUES B. MARET.

Rue du bac
vis à vis les missions étrangères
N° 567
La loi rue des ffens